BERRYER

MONSEIGNEUR DUPANLOUP

ET LA

MONARCHIE TRADITIONNELLE

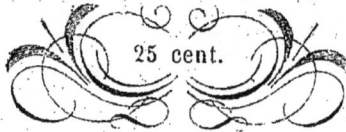

25 cent.

BAYEUX

DUBOIS-FIERVILLE, LIBRAIRE-ÉDITEUR

rue Saint-Jean, 19

—

1871

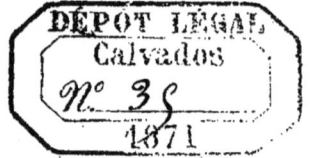

BERRYER

MONSEIGNEUR DUPANLOUP

ET LA

MONARCHIE TRADITIONNELLE.

BERRYER

ET LA

MONARCHIE TRADITIONNELLE.

Il y a dans les dernières paroles, dans les actes su-
prêmes des hommes vraiment éminents, un enseignement
qui dépasse en évidence les inspirations de l'éloquence
humaine. Ainsi, Berryer mourant démontre avec une au-
torité que ses plus beaux discours n'ont pas atteinte la
vérité, l'utilité, la patriotique importance des principes
politiques qui ont illustré sa carrière ; il leur rend témoi-
gnage devant Dieu même, au moment d'être jugé par lui.

Dans sa lettre à M. le comte de Chambord, Berryer
affirme que tout n'est pas mort dans cette *monarchie
traditionnelle*, après laquelle aujourd'hui tant de nobles
cœurs aspirent, et à laquelle nombre de bons esprits voient
attaché le salut de la Patrie.

On dirait, à lire cette lettre émouvante, écrite presque

sous les étreintes de la mort, que cette grande intelligence perçait les nuages amoncelés sur nous, et voyait clairement le rayon sauveur, dont nous commençons à découvrir la lumière à travers les déchirures du ciel.

Cette mort admirable, couronnant cette belle vie d'orateur par la plus sublime acclamation du droit monarchique, quel cœur pouvait la mieux comprendre, quelle bouche pouvait la mieux révéler que le cœur, que la bouche de Mgr Dupanloup, joignant au titre d'ami celui de confident de ses plus intimes aveux? Il avait lu dans cette âme, éclairée comme par anticipation des lumières de la pure vérité, et ce qu'il avait lu, il éprouvait, lui évêque, le besoin de le redire du haut de la chaire chrétienne, comme l'enseignement le plus patriotique, le plus utile et le plus chrétien.

Des circonstances indépendantes de sa volonté, n'ont pas permis à l'illustre évêque de prononcer cette courte oraison funèbre, qui devait retentir sous les voûtes de la modeste église d'Angerville. Deux ou trois journaux l'ont fait connaître : elle méritait, ce nous semble, une plus large publicité. Le respect pour la mémoire de Berryer, l'entraînante sympathie qui s'attache à tout ce qui émane de la plume si française de Mgr d'Orléans, la gravité des circonstances qui ne permettent pas de laisser un seul argument dans l'oubli, une seule lumière loin du foyer où s'éclairent les intelligences, tout semblait imposer comme un devoir de faire revivre et de donner la plus grande notoriété possible à ce discours, où Berryer mourant nous instruit par l'organe du plus éloquent de nos évêques.

Ce devoir, l'un de nos jeunes amis l'a rempli en demandant à l'éminent auteur les autorisations nécessaires qui lui ont été très-gracieusement octroyées.

Dans ces pages éloquentes où rien n'est cherché, mais où l'inspiration jaillit pour ainsi dire du sujet, on trouve, comme dans leur ordre naturel, tous les titres de gloire de Berryer.

Résumant les admirables qualités de son cœur et de son intelligence, couronnées par cette constante *fidélité aux vaincus*, qui ne lui permit « d'être jamais le courtisan que de l'exil et du malheur, » le panégyriste s'écrie :

« Voilà pourquoi, Messieurs, il a su conquérir, dans
« un temps si divisé, des sympathies si profondes et si
« universelles, et, dans ce silence de toutes les révolutions
« et des passions, des regrets et des hommages si écla-
« tants, que la France entière revendique aujourd'hui sa
« gloire, et qu'on croirait voir ici, avec l'*honneur*, la
« *fidélité* et l'*éloquence* en deuil, la Patrie décernant les
« funérailles d'un roi à l'un de ses plus illustres enfants !

« Et voilà pourquoi, Messieurs, venus de tous les
« points de l'horizon politique, vous êtes autour de cette
« tombe ; car, comme lui, vous aimez la France : ah !
« elle nous est chère à tous ! Nous donnerions tous pour
« elle mille vies comme une goutte d'eau !... et la Reli-
« gion est heureuse de vous voir tous réunis, comme vous
« l'êtes en ce moment, sur ce terrain commun de l'amour
« du pays, dans l'hommage pieux et dans l'admiration
« pour ce grand serviteur de la France. »

Fidélité au malheur, patriotisme poussé jusqu'aux plus extrêmes sacrifices, affirmé au nom de tous les vrais Français sur la tombe encore ouverte « du grand servi-teur de la France, » voilà ce qu'un évêque sait nous dire... et à cette affirmation les vrais Français ont répondu, quelques mois plus tard, en versant leur sang à profusion sur nos champs de bataille, sans autre politique que notre honneur à défendre, sans autre enjeu que le devoir à remplir et le pays à sauver. Pour tous ceux qui se dévouent aux nobles causes, l'Église n'a jamais épargné les encouragements; bien plus, elle se donne elle-même en exemple : les ambulances, les hôpitaux, les récents martyrs de Paris viennent d'en offrir, sous nos yeux mêmes, la glorieuse démonstration.

Mais il faut lire ce texte admirable, et, en le méditant, nous y puiserons le secret de mener de front notre ferme attachement à l'Église, notre dévoûment pour la France et notre zèle pour lui faire envisager et choisir les principes qui doivent la sauver.

Cte D'OSSEVILLE.

3 Juillet 1871.

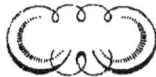

ORAISON FUNÈBRE

BERRYER

Je ne vous retiendrai pas longtemps, Messieurs ; j'apporte sur cette tombe des prières et non des paroles ; ce sanctuaire, ce cercueil d'où semble s'échapper encore l'écho d'une si grande voix, ces grands arbres dépouillés, ce soleil voilé qui conviennent si bien à la cérémonie qui nous rassemble, cette assemblée même, ce concours inaccoutumé dans cette petite église de village, et au loin cette immense acclamation de toute la France, qui dure encore, parlent assez haut.

Je veux donner seulement à celui qui fut mon diocésain et mon ami, en cette heure de la séparation suprême, avec

une dernière bénédiction de mon cœur, le dernier adieu de la religion.

Je laisse aux amis, aux compagnons, aux rivaux de gloire, aux adversaires même, la consolation de redire ce que fut cette riche et grande nature, cette haute intelligence, la noblesse, la générosité de ce cœur, cette incomparable éloquence, cette âme si étrangère à l'envie, si prompte à l'admiration, si tendre à l'amitié, et aussi cette longue carrière, mêlée depuis plus d'un demi-siècle à tous les plus grands débats de notre époque orageuse, quel fut cet homme, enfin, athlète si puissant des luttes de la parole, si secourable aux accusés, si fidèle aux vaincus, et qui ne sut *être jamais le courtisan que de l'exil et du malheur.*

Et voilà pourquoi, Messieurs, il a su conquérir dans un temps si divisé, des sympathies si profondes et si universelles, et, dans le silence de toutes les rivalités et des passions, des regrets et des hommages si éclatants, que la France entière revendique aujourd'hui sa gloire, et qu'on croirait voir ici, avec l'*honneur,* la *fidélité,* l'éloquence en deuil, la patrie décernant les funérailles d'un Roi à un de ses plus illustres enfants.

Et voilà pourquoi, Messieurs, venus de tous les points de l'horizon politique, vous êtes autour de cette tombe ; car, comme lui, vous aimez la France : ah ! elle nous est chère à tous ! Nous donnerions tous pour elle mille vies comme une goutte d'eau !..... Et la religion est heureuse de vous voir tous réunis, comme vous l'êtes en ce moment, sur ce terrain commun de l'amour du pays, dans l'hommage pieux et dans l'admiration pour ce grand serviteur de la France.

Quel nom il laissera parmi nous! Sa place est fixée à jamais à côté des princes de la parole humaine, de ces grands et rares orateurs de la tribune et du barreau dont le souvenir reste immortel; et pour moi, je ne puis me défendre, même en ce moment, de le revoir dans les triomphes de sa pathétique éloquence, ni oublier l'éclair, les foudres, et les tendresses de sa parole, lorsque, même vaincu par le vote, il arrachait à toute une grande assemblée des cris d'admiration et des pleurs : je l'ai vu !

Mais non, laissons les souvenirs de gloire, ô mon excellent et illustre ami, *je ne veux rien voir en vous*, comme le disait autrefois Bossuet à Condé, *de ce que la mort efface*. Vous resterez dans ma mémoire tel que vous fûtes sous la main de Dieu pendant les quinze jours où l'on vous vit face à face avec la mort, et où, devant la claire vue de l'éternité, oubliant la tribune, la gloire, les applaudissements, pas un seul écho ne s'en est trouvé ni dans votre âme, ni sur vos lèvres.

Non, jamais un *Nunc dimittis* ne fut dit avec plus de force, plus de sérénité, de détachement et de confiance en Dieu !

De détachement!..... Ah! pourtant, il n'était pas détaché de tout ! Grand fut le sacrifice : « Mon cher Nélaton, « faites-moi vivre, afin que je puisse voir le bonheur de « la France ! »

Hélas! le moment était venu où les hommes, la science, l'affection, le dévouement ne pouvaient plus rien. Ainsi, pauvres mortels que nous sommes, génie, gloire, fortune, plaisirs, amitiés, douceurs de la vie, tout s'évanouit irrésistiblement entre nos mains, et nous nous trouvons seuls, seuls! entre le monde qui s'enfuit et l'éternité qui vient.

Heureux qui, comme celui que nous pleurons, n'a pas attendu la dernière heure pour sentir le néant des choses, et se retourner vers Dieu du milieu des triomphes ou des brisements de la vie, et qui d'avance a pu graver sur sa tombe ces mots que vous pouvez lire sur la sienne, ces mots de la grande humilité chrétienne et de l'immortelle espérance : « *Expecto donec veniat immutatio mea.* » Il avait tout, il voulait mieux encore.

Ah! Seigneur, si vous tenez compte aux hommes qui vivent dans les temps difficiles, de leur bonne volonté, de leurs efforts, de leurs secrètes aspirations, pour faire arriver jusqu'à eux, au jour de votre miséricorde, ce rayon qui éclaire tout, combien plus pèseront à vos yeux devant votre bonté, à travers les fragilités de l'existence, les retours courageux d'une foi sincère !

Du berceau à la tombe, des oratoriens de Juilly qui élevèrent son enfance jusqu'au Père de Ravignan, dont sa main mourante cherchait l'image et le chapelet sur sa couche, à côté de son crucifix, et jusqu'à celui qui remplaça ce saint ami près de son âme défaillante, et avec qui il voulut chanter d'une voix ferme le *Salve, Regina,* élèvant un si doux regard à ce mot : *O clemens, o pia, o dulcis Virgo Maria!* la foi chrétienne, en ce siècle où les colonnes même sont tombées, n'avait jamais défailli en lui !

Je le vois dans sa jeunesse, à côté de Châteaubriand, à côté aussi de l'éloquent et malheureux auteur de l'*Essai sur l'indifférence,* augurant le premier la vocation de ce jeune et brillant avocat qui, depuis, fut le Père Lacordaire ; et quant à lui, si le barreau et la tribune ravirent à la chaire sa grande voix, combien de fois devant les juges, comment pourrais-je l'oublier ? et dans nos plus solennels débats politiques, cette voix puissante a retenti pour la liberté de l'Église, pour la liberté des ordres religieux et de l'enseignement, pour les droits du Saint-Siége, pour le clergé, pour la confession même, pour toutes les causes chères à la religion. Eh bien ! ô mon ami, l'Église n'est pas ingrate, et elle vous remercie par ma bouche, et elle vous bénit dans votre cercueil.

Et c'est ainsi, Messieurs, que la religion dont il fut le défenseur, devait être à son tour, en ce moment où tout échappe, où tout l'homme a besoin d'être défendu, l'avocat de cet incomparable avocat.

Disons, Messieurs, que Dieu n'oublie jamais ce qu'on a fait pour son Église : il fut juste et bon, lui donnant l'admirable fin chrétienne que vous connaissez.

Il était encore plein de toutes les nobles ardeurs de sa vie, lorsque tout à coup le danger de la mort lui apparut. « Je ne me trompe pas sur votre réponse, » dit-il à son loyal et dévoué médecin, « je vous remercie !.... que la « volonté de Dieu soit faite ! » Et aussitôt sans transition, sans regrets, sans un seul retour sur lui-même, il se prépara à paraître devant le seul juge qui l'ait intimidé. On eût dit que sa main toujours ferme, tirait un voile sur le monde, et s'efforçait de lever le voile de l'éternité. Il purifia son âme et l'arma du pain des forts, en recevant une dernière fois le Dieu de sa première communion. Puis il voulut venir dans cette chère retraite d'Angerville, comme il le faisait à la veille des grandes affaires, près de ce sanctuaire où il avait placé l'image de saint Louis, *dont il aimait la race*, et gravé cette grande parole : *Credidi, propter quod locutus sum*. Puis il écrivit d'une main affaiblie, mais fidèle jusqu'à la fin, cette lettre qui fut la dernière (1).

Et son Dieu, son Roi, sa famille, ayant tour à tour reçu ses derniers devoirs, il se mit, avec une simplicité profonde qui était tout lui-même, à assister et à présider à sa mort. Il ne parla plus que très-peu, et ses moindres mots étaient toujours nobles et doux : « O mon ami ! » dit-il à celui qui était accouru de loin et ne le quitta plus, « j'ai de bien grandes grâces à rendre à Dieu. Maintenant « je suis tout en calme, » et lui serrant la main entre les deux siennes, « et en amitié. » Puis à son petit-fils : « Travaille, sois quelque chose par toi-même..... aime « Dieu et rends ta mère heureuse. » Et enfin : « ô mon « Dieu ! je remets mon âme entre vos mains. » Et après le cri de foi religieuse, un dernier cri de sa conviction politique. Ainsi, il est mort, simple et grand, comme toujours, affectueux et bon, laissant échapper des mots d'une exquise tendresse ou les accents d'une foi sublime, confiant au Dieu qui a dit : « *Je suis la résurrection et la vie.....* » « *Celui qui croit en moi, fût-il mort,* vivra

---

(1) *Dernière lettre de Berryer à Monseigneur le comte de Chambord.*

O Monseigneur ! ô mon Roi ! on me dit que je touche à ma dernière heure ! je meurs avec la douleur de n'avoir pas vu le triomphe de vos droits héréditaires, consacrant l'établissement et le développement des libertés dont notre Patrie a besoin.

Je porte ces vœux au Ciel pour Votre Majesté, pour Sa Majesté la Reine, pour notre chère France !

Pour qu'ils soient moins indignes d'être exaucés par Dieu, je meurs armé de tous les secours de notre sainte religion.

Adieu, Sire ! que Dieu vous protège et sauve la France !

Votre dévoué et fidèle sujet,

BERRYER.

« à jamais. » Oui, vous vivrez, j'en atteste la bonté de Dieu, vous vivrez du sein de son éternelle miséricorde, dans cette gloire plus haute qui ne passe pas, et nous prions sur votre tombe avec une ineffable espérance!

Messieurs, laissez-moi vous le dire, beaucoup d'entre vous parcourent, et avec éclat aussi, cette grande et périlleuse carrière de la vie publique; puisse un tel exemple n'être pas perdu pour vous, et faire sentir à tous le bienfait de sa foi, le grand besoin de Dieu qui est au fond de nos âmes, et la suprême consolation des espérances éternelles.

Une dernière parole, Messieurs : on élève aux hommes illustres des monuments. Je ne sais s'il sera possible d'en élever à notre ami un qui soit digne de lui. Mais déjà son buste appartient au barreau de Paris, auquel il l'a légué, et il sera bien placé dans le Palais de Justice, au pied du portrait de son père, entre la Sainte-Chapelle et la salle des conférences de ce barreau français, de cet ordre des avocats, si brillant et si courageux, dont il était le modèle et la gloire. En voyant cette belle tête, cette majesté souriante, en demandant à leurs anciens quel était ce puissant orateur, les jeunes gens apprendront le culte de l'éloquence, du dévouement, de l'honneur et de l'intégrité.

Sa tombe déjà préparée près de cette petite église, perpétuera le souvenir de cette journée où tous les dissentiments furent oubliés devant une belle âme, où le deuil d'une famille devint le deuil d'un pays. Cet humble monument marquera la place où les habitants de ce hameau aimaient à voir ce noble vieillard découvrir sa tête blanchie, et incliner son front, son talent, son passé, sa gloire devant cette Église catholique, si faible et si forte, victorieuse du temps et de la mort, qui change les doutes en certitudes, les fautes en repentir, les douleurs en espérances, et qui même devant les froides pierres de la tombe, s'écrie : *Elevamini, portæ æternales!* Ouvrez-vous, portes éternelles!

† FÉLIX,

Évêque d'Orléans.

Bayeux, typographie H. Grobon et O. Payan